AF453238

SIMPLES NOTIONS

SUR

L'ARCHITECTURE

RELIGIEUSE

SIMPLES NOTIONS

SUR

L'ARCHITECTURE

RELIGIEUSE

PAR

J. TABOURIER

ANCIEN CONSEILLER DE PRÉFECTURE

OFFICIER D'ACADÉMIE

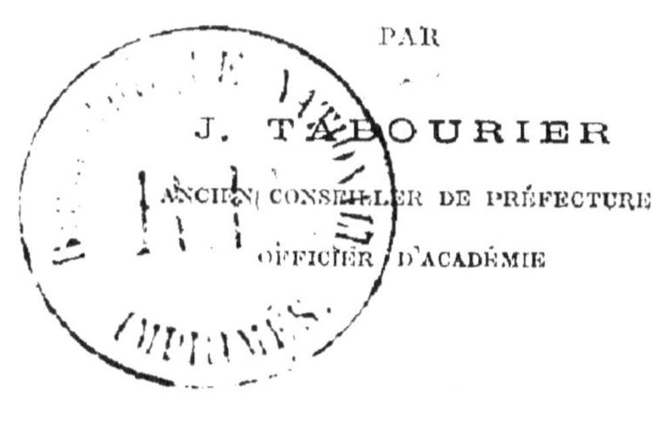

TOURS

CATTIER, ÉDITEUR

1873

INTRODUCTION

En visitant ces magnifiques basiliques qui attestent à la fois le génie et la foi de nos pères, personne ne peut se défendre de cette exclamation : « Que c'est beau ! » C'est l'expression du sentiment que chacun éprouve, dont chacun est pénétré. Mais, si l'on vient à demander aux visiteurs ce qu'ils ont vu, ce qu'ils ont le plus admiré, trop souvent la question reste sans réponse.

Ce qu'ils ont vu ? L'église. Ce qu'ils ont admiré ? Ce sont ces ciselures, ces dentelles de pierre et de bois, dont l'harmonie et la finesse dépassent toute description. Mais quelles sont les parties les plus remarquables de l'édifice? Ils ne savent pas le dire. De quel nom appeler ce qu'ils trouvent si beau? Ils le savent encore moins.

L'observation fréquente de ce fait, trop général encore de nos jours, explique l'origine de notre opuscule.

Il nous a paru bon de remédier quelque peu à cette ignorance de l'art chrétien.

Toutefois, ce n'est pas d'un traité d'architecture religieuse qu'il s'agit ici. Nombre d'ouvrages justement estimés ont été publiés sur ce sujet; nous n'avons en vue qu'un résumé très-succinct de ce qu'il est indispensable de savoir en cette matière, résumé à la portée de tous, par la brièveté, la simplicité et la clarté des détails.

Nous avons pensé, en outre, que de notre temps, où tout s'étudie et se discute, il pouvait être utile de propager la connaissance des splendeurs artistiques de nos temples chrétiens et de l'opposer à l'enseignement déplorable qui voudrait arracher de nos écoles jusqu'au crucifix !

Pourquoi donc, en effet, dans ces écoles, où tant d'autres cherchent à introduire la négation de Dieu et de la Religion, ne pas affirmer par le sentiment et la connaissance de l'art dans ses plus éclatantes manifestations la salutaire influence du Christianisme, cette sauvegarde de la famille et de la Société ?

Tel est le but de ce petit livre.

Vulgariser les notions élémentaires de l'architecture religieuse c'est, pensons-nous, inspirer à ceux qui ne l'ont pas, réveiller chez ceux qui

ne l'auraient plus, l'amour patriotique du clocher, le respectueux attachement à leur splen-
dide cathédrale ou à leur humble église de
village.

Chambois (Orne), 2 janvier 1873.

CHAPITRE PREMIER.

SIMPLES NOTIONS

SUR

L'ARCHITECTURE

RELIGIEUSE

CHAPITRE Ier.

Plan général. — Classification des phases
de l'Architecture religieuse.

Le plan de ce modeste volume est bien
simple :

Définir tout d'abord, par leur dénomination
propre, celles des parties saillantes d'un
édifice religieux qui, dans tous les âges et
n'importe dans quel style architectural, ont
toujours conservé, sauf quelques modifications résultant de leur époque respective,

le même caractère, la même attribution, la même place et le même nom.

Puis, arriver successivement aux diverses périodes de l'architecture religieuse en Occident.

Ces périodes sont généralement classées comme il suit [1] :

La première commence avec le Christianisme et va jusqu'au XIe siècle, c'est le style latin ou gallo-romain et le style byzantin.

La deuxième période comprend les XIe et XIIe siècles, c'est le style roman.

La troisième période date du commencement du XIIIe siècle, où elle se confond avec la fin de l'époque romane, jusque vers le

---

(1) Classification du Comité historique des Arts et des Monuments.

milieu du XVIe siècle ; c'est le règne de l'ogive, du style gothique ou ogival.

La quatrième période enfin comprend, simultanément avec la fin de la période gothique, le XVIe siècle et la première moitié du XVIIe : c'est la Renaissance.

A cette classification, communément adoptée, pour la France du moins, il est nécessaire d'ajouter un aperçu de l'architecture religieuse, depuis la Renaissance jusqu'à nos jours. Nous ne nous permettrons pas d'en faire une cinquième période. Au surplus, elle serait probablement difficile à définir, sinon à déterminer.

Ce dernier aperçu nous servira de conclusion.

CHAPITRE DEUXIÈME.

Chapitre II.

Type de Construction de l'Église catholique.

—

L'église catholique, dans son type le plus complet, est construite avec les dispositions suivantes :

1° Le grand *portail*, ou entrée principale, sur lequel s'élèvent le plus ordinairement le clocher ou les clochers sous la forme de tours ou de flèches, ou encore de tours surmontées de flèches.

2° A l'intérieur, la *nef*, semblable à un vaisseau renversé; c'est la partie la plus vaste, elle est réservée aux fidèles. On l'appelle la grande nef pour la distinguer des bas-côtés ou collatéraux occupés également par les fidèles.

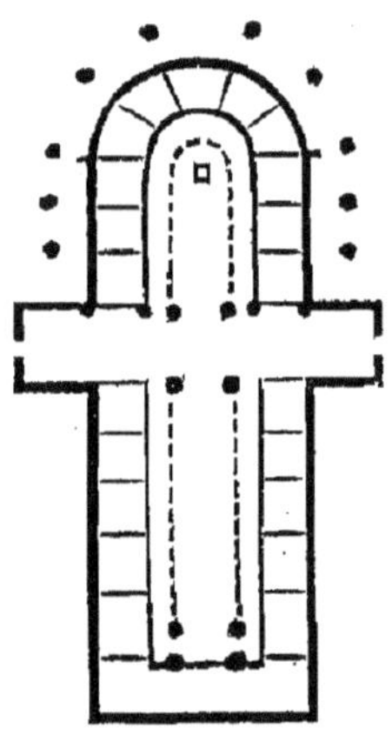

La grande nef est séparée de chacun des bas-côtés par un rang de colonnes ou piliers. Ces colonnes se terminent par des arcades au-dessus desquelles règnent des tribunes ou galeries à jour, surmontées elles-mêmes de fenêtres.

3° Le *transept* ou croisée, qui donne à l'église la forme d'une croix, en la coupant transversalement à l'endroit où commence le chœur.

Chacune des extrémités du transept a son portail latéral, généralement surmonté d'une rose ou rosace, sorte de fenêtre dont le nom indique la forme.

4° Le *chœur*, compris entre la nef et le sanctuaire, qui est élevé de quelques marches ou degrés au-dessus du reste de l'église. C'est la partie réservée au clergé et consacrée à la célébration de l'office divin.

Le chœur finit par l'*abside*, ou hémicycle, qui se termine elle-même par le chevet ou extrémité de l'église, en demi-cercle, derrière le maître-autel.

Il y a encore les *chapelles* : absidales,

quand elles rayonnent autour du chevet et du chœur; latérales, quand elles se prolongent sur les côtés de la nef.

Enfin, la *sacristie* qui, le plus habituellement, fait partie du transept ou de l'abside et sert à enfermer les vases, les ornements et autres objets nécessaires au clergé et à la célébration des offices.

A l'exception des basiliques, il est fort peu d'églises, au moins relativement, qui réunissent à la fois bas - côtés, galeries, rosaces, etc., etc.....; mais partout on retrouve cette disposition essentielle, partout les plus misérables églises de campagne ont leur portail, leur nef, leur chœur et leur sanctuaire.

Et, si pauvres qu'ils soient, saluons ces temples; leur pauvreté recouvre peut-être encore quelque beauté cachée ; si la mousse de leurs murailles verdâtres ne révèle au curieux rien de remarquable, gardons-nous de les dédaigner. Ne sont-ils pas la maison de Dieu et ne rappellent-ils pas toujours à l'homme les plus tendres, les plus pieux souvenirs ? Oui, c'est

> ...du Dieu des champs la rustique demeure !
> J'entends l'airain frémir au sommet de ses tours ;
> Il semble que dans l'air une voix qui me pleure
> Me rappelle à mes premiers jours !
>
> (LAMARTINE , *La Vie champêtre*).

CHAPITRE TROISIÈME.

Chapitre III.

Détails techniques : l'Arc, l'Arcade, la Voûte,
la Travée, le Soubassement, le Contrefort.

—

A côté de ces grandes lignes et du plan
général tracés au chapitre précédent, par
lesquels on saisit déjà d'un coup d'œil l'ensemble d'une église, il est opportun de faire
connaître, par une définition précise, les
divers détails de construction indispensables
pour se guider dans un monument que l'on
veut étudier, pour en découvrir et en appré-

cier, sinon toutes, au moins les principales beautés [1].

Parmi les détails qu'il importe de connaître, mentionnons, en première ligne, l'arc, ou portion de cercle. C'est le signe caractéristique des phases de l'architecture. Variable à l'infini dans ses dimensions, il l'est également dans ses modifications de forme et prend la dénomination de latin-byzantin, roman ou en plein-cintre, lancéolé, rayonnant, flamboyant, etc., etc., selon le style auquel il appartient.

---

[1] Pour tout ce qui concerne les définitions et les détails d'architecture purement techniques, l'auteur, ne voulant rien s'attribuer qui ne lui soit propre, renvoie le lecteur aux divers traités précédemment publiés et notamment au *Dictionnaire des Lettres et Beaux-Arts*, de Dezobry et Bachelet, qu'il a souvent consulté.

De l'arc naît l'arcade, construction des plus fréquentes qui, en décrivant un arc de cercle, concave vers le sol, s'appuie par ses deux extrémités sur des piliers ou colonnes.

Elle est géminée ou ternée, selon qu'elle est composée de deux ou trois autres arcades plus petites.

La *voûte*, dans son acception la plus large, est la construction qui recouvre l'espace laissé vide entre deux murs perpendiculaires ou pieds-droits, lesquels doivent être d'une solidité à pouvoir supporter, horizontalement et verticalement à la fois, tout le poids ou poussée de la voûte.

Celle-ci se compose de *voussoirs* ou *cla-veaux*, pierres en forme de cône tronqué; le voussoir le plus élevé, celui du milieu, est la *clef*; les deux voussoirs de côté sont les contre-clefs, et ceux qui touchent aux pieds-droits sont les *sommiers* de la voûte. Il y a encore l'*intrados* et l'*extrados*, ou douelle intérieure et douelle extérieure, qui sont les parements concaves ou convexes de la voûte.

Comme l'arc, la voûte varie beaucoup de forme et de nom; mais il suffit de distinguer:

La voûte en berceau ou en *plein-cintre*, demi-cercle parfait;

La voûte en *anse de panier*, *surbaissée* ou plate, portion plus ou moins considérable du demi-cercle, selon la forme qu'elle affecte;

Et la voûte surhaussée ou en *ogive*, plus élevée que le demi-cercle.

Il convient de mentionner aussi la *travée*, ou l'espace qui, dans la nef d'une église, se trouve compris entre deux piliers, et qui se compose de la voûte, de la haute fenètre, de la galerie, de l'arc principal, et enfin de la moitié de chacun des deux piliers ci-dessus mentionnés.

Outre l'arc et la voûte, le soubassement est encore une partie essentielle à la construction. Son nom seul suffit pour sa définition, en indiquant assez qu'il est la base de tout l'édifice.

Il en est de même des contreforts, maçonnerie dont le but est, avant tout, de consolider le monument auquel elle s'accole extérieurement.

Sans utilité marquée dans les constructions de peu d'importance, le contrefort est, au contraire, indispensable aux grands édifices et aux églises en particulier.

En dehors de son utilité réelle, il a suivi toutes les phases de l'art. Plus ou moins massif et simple avec le roman, il devient un chef-d'œuvre incontesté du style gothique, quand il s'allégit, s'évide et s'élance à plusieurs étages en se couronnant d'arcs et de clochetons élégants comme dans les basiliques des xive et xve siècles.

Sous peine d'assimiler ce chapitre à un dictionnaire d'une aridité et d'une monotonie peu séduisantes, nous interrompons ici cette nomenclature purement technique. Aussi bien, ces détails ne rentrent-ils pas dans notre cadre, et, sans compter les parties architecturales qui, dans une église ou une chapelle, sont connues de tout le monde par leur nom, dont le nom même, comme la rose ou rosace, par exemple, équivaut à une définition, il suffira, pour être compris, d'intercaler dans le texte des chapitres suivants, comme on l'a fait déjà dans la description du type de l'église catholique, une explication étymologique de chacune des pièces d'architecture dont il sera question.

Ces notions tout élémentaires de la construction proprement dite maintenant exposées, passons aux diverses périodes de l'art chrétien.

CHAPITRE QUATRIÈME.

Chapitre IV.

Première Période (IVe-XIe siècles).

Style Gallo-Romain ou Latin.

Style Byzantin.

—

§ 1er. — Style Gallo-Romain.

La première période de l'architecture chrétienne commence à Rome avec le IVe siècle. Elle se subdivise en deux époques : l'époque Gallo-Romaine ou Latine, et l'époque Byzantine.

En sortant des catacombes, et dès qu'il put s'exercer publiquement, le Christianisme dut se construire des temples pour y réunir les fidèles; et, comme le nombre des chrétiens allait s'augmentant de jour en jour, il fallut donner à ces temples des proportions en rapport avec les progrès du culte.

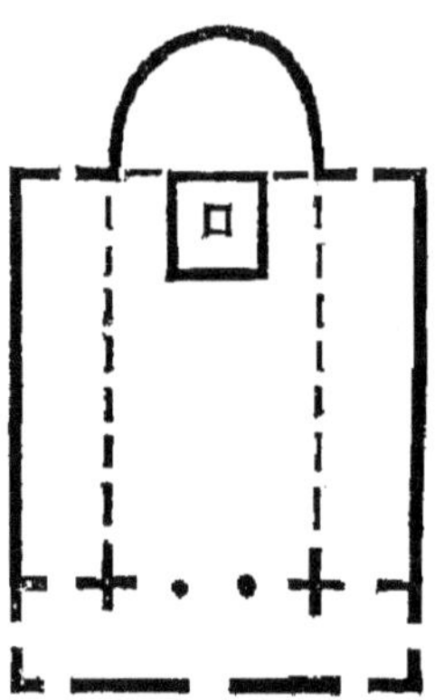

La basilique romaine, par son plan et ses dimensions, devint tout naturellement le type des églises, type qu'elles ont conservé jusqu'au XIe siècle.

La *basilique* était, à l'origine, la demeure royale, comme l'indique son nom, ou faisait au moins partie du palais des rois. C'était, sous les empereurs romains, le tribunal de la justice et la Bourse.

L'évêque et le clergé occupèrent l'hémicycle du fond ou *abside*, qui avait été le siége des juges. Deux autres absides ou ailes, servirent, l'une de trésor (aujourd'hui sacristie), et l'autre à la bénédiction du pain et du vin.

Les dignitaires et les membres de l'église prirent place dans la nef principale, et les nefs latérales ou bas-côtés, séparés de la nef centrale par des rideaux ou un mur d'appui, furent occupés, à gauche en entrant, par les hommes; à droite, par les femmes. Les veuves et les religieuses montèrent aux galeries en tribunes superposées aux nefs latérales.

Deux vestibules l'un intérieur, le *narthex*, l'autre extérieur, le *porche*, donnaient accès aux trois nefs; et devant le porche s'étendait

l'*aître* ou *parvis* (l'*atrium*) assigné aux catéchumènes et aux pénitents.

L'atrium était la cour de la basilique.
Ordinairement entouré de portiques, il servait aussi de cimetière.

Il rappelle ce passage des *Martyrs :*

« Un jour, plein des plus sombres pensées,
« je traversais un quartier de Rome, peu
« fréquenté des grands, mais habité par un
« peuple pauvre et nombreux. Un édifice
« d'un caractère grave et d'une construction
« singulière frappe mes regards. Sous le
« portique, plusieurs hommes, debout et
« immobiles, paraissaient plongés dans la
« méditation.....

« Perséus franchit les marches du por-
« tique, passa au milieu des catéchumènes
« et pénétra dans l'enceinte du temple. Je

« l'y suivis plein d'émotion... La nuit appro-
« chait, la lumière des lampes luttait avec
« celle du crépuscule, répandue dans la nef
« et le sanctuaire. Des chrétiens priaient
« de toutes parts à des autels retirés.....
« Un prêtre, portant un livre et une lampe,
« sortit d'un lieu secret et monta dans une
« chaire élevée... On entendit le bruit de
« l'assemblée qui se mettait à genoux.....
« Consolation des affligés! disait le prêtre,...
« et les chrétiens persécutés, achevant le
« sens suspendus, répétaient : Priez pour
« nous..... »

Saint-Jean-de-Latran, Saint-Pierre et
Saint-Paul (hors des murs) sont les pre-
mières basiliques chrétiennes construites à
Rome. C'était sous le règne de Constantin.

Dès les premières églises la forme adoptée pour leur construction est celle d'une croix latine, résultant de l'addition de deux ailes à la jonction de la nef et de l'abside. Cette forme se continue jusqu'à la fin de la période ogivale.

La croix latine a le bras inférieur plus long que les trois autres, et dans la construction, le croisillon formé par les deux bras du transept est à peu près aux deux tiers de l'édifice.

Il est à remarquer que la croix latine est toujours tournée vers l'Orient.

La croix grecque en diffère par l'égalité de ses quatre bras.

L'architecture latine ou gallo - romaine n'est donc que la continuation de l'art antique. La combinaison de l'arc et de la voûte en plein-cintre avec les ordres dorique, ionique et corinthien, adaptée aux églises, constitue le cachet de l'époque latine jusqu'à Justinien (VIᵉ siècle).

Ici pourraient prendre place quelques indications sur les appareils des constructions qui caractérisent l'architecture romane primitive : le petit appareil, les arêtes de poisson, l'appareil réticulé, les chaînes en briques, les billettes, les cordons; mais ce serait trop nous étendre.

§ 2. — STYLE BYZANTIN.

Alors disparaît le style basilical des premiers chrétiens, abandonné probablement comme trop simple. Sainte-Sophie de Constantinople, d'un genre tout différent, vient marquer la transition à l'époque byzantine.

La croix grecque, au lieu de la croix

latine, tel est le premier caractère de l'art byzantin, et le type de construction de ses églises.

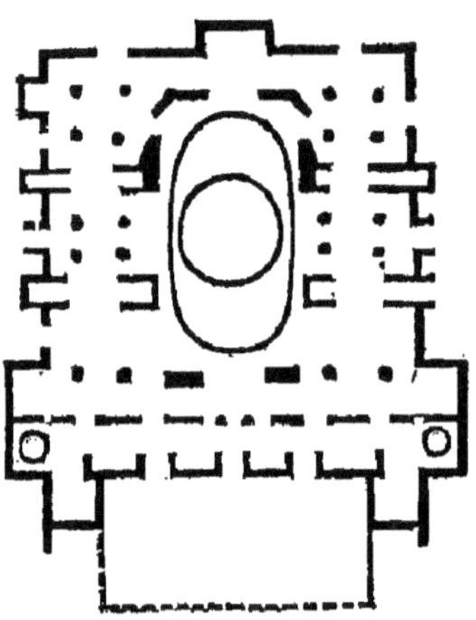

La coupole ou dôme, en forme de coupe renversée, qui s'élève au point d'intersection de la croix. Cette coupole est édifiée sur quatre colonnes reliées entre elles par des arcades et supportées par un soubassement quadrangulaire. Autour d'elles ne tardèrent pas à se grouper d'autres

coupoles secondaires, moins hautes, sur le
sanctuaire, les bras du transept et la nef.

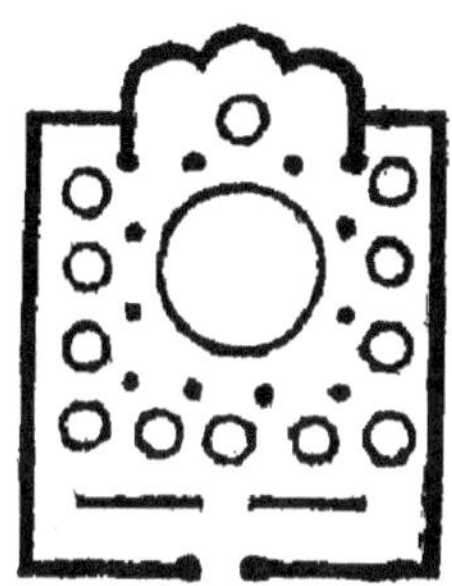

Les fenêtres cintrées, la voûte romaine
se continuent avec l'art byzantin, mais les
arcs ont plus d'élévation. Comme les églises
romaines, les églises byzantines ont leurs
absides (une ou trois) rondes ou à pans
coupés, leur porche, leur narthex, quand,
toutefois, leur entrée principale n'est pas
simplement une porte carrée, avec corniche
horizontale, sans fronton pour la couronner.

A l'intérieur, c'est un mélange de pierres et de briques qui forment sur les murs, tantôt des dessins variés, tantôt des assises s'alternant horizontalement ou se coupant en lignes verticales.

Les mosaïques et les arabesques orientales ont remplacé partout les moulures antiques.

Le style byzantin, quoi qu'en disent ses admirateurs, reflète le Bas-Empire. C'est la décadence de la Rome impériale dans les arts, en même temps que se manifestait la décadence dans les lettres et dans les mœurs.

Est-ce à dire que l'architecture byzantine fût sans éclat? — Non certes; mais c'est un faux éclat. Elle révèle parfaitement les aspirations, la vie sociale de son temps. Elle parle aux sens, elle éblouit les yeux par sa richesse, par la variété et le brillant de la décoration orientale, mais ce n'est plus l'austère et belle simplicité des basiliques primitives. Les chrétiens des catacombes, eux, s'adressaient à l'âme; ils avaient, avant tout, les yeux vers le ciel, et pour type de leurs églises ils avaient choisi ce qu'il y a de plus sacré, de plus imposant sur la terre : l'asile de la justice. Justinien, lui, l'empereur orthodoxe, l'ami des arts, qui rêvait pourtant de reconstituer l'empire romain, ne sut rien trouver de mieux, pour Sainte - Sophie de Constantinople, que le plan des thermes ou bains publics des Romains !

Quoi qu'il en soit, l'art byzantin n'en exerça pas moins son influence sur le moyen âge, où on le retrouve constamment. Et, non-seulement il fait époque dans l'histoire, mais il va contribuer, pour sa part, à l'embellissement et aux progrès des constructions religieuses.

CHAPITRE CINQUIÈME.

Chapitre V.

Deuxième Période.
Style Roman.

—

Le style roman, proprement dit, commence avec le xie siècle.

Jusqu'à l'an mil, c'est le style latin; mais, à part les basiliques, d'ailleurs peu nombreuses, les églises, en général, n'offrent rien de complet ou de régulier. Les édifices du culte, pour le plus grand nombre, révèlent l'origine toute profane qui a inspiré leur plan. On y retrouve toujours, le cénacle les thermes, le prétoire, etc., etc., c'est-à-dire la variété jointe, le plus souvent, à l'absence d'élégance et de goût. Seul, le plein-cintre demeure invariable dans les arcs, les arcades, les voûtes, les portes et les fenêtres.

A dater de l'an mil, l'architecture religieuse se transforme. La construction des églises dénote un plan d'ensemble, des règles fixes et rigoureusement suivies. L'influence byzantine se fait sentir, mais en se modifiant et en s'alliant, par ce qu'elle a de meilleur, à la majesté des temples chrétiens.

Au lieu de supports toujours massifs et souvent de maçonnerie grossière, les côlonnes deviennent plus légères; avec le plein-cintre s'harmonisent au mieux l'anse de panier ou arc surbaissé, et le fer à cheval ou arc outre-passé. Les voûtes en coupole à l'intersection du transept, les fenêtres *géminées*, c'est-à-dire à deux arcades réunies par une même moulure, sont du style roman.

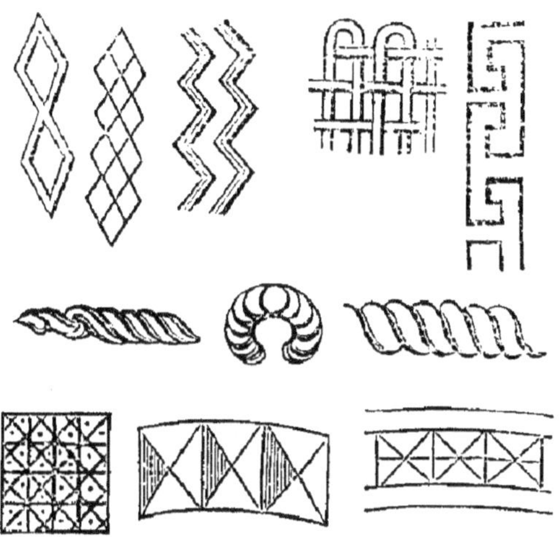

Comme ornementation, les *losanges* opposés ou entremêlés, les *chevrons*, dont les *frettes* ou *méandres* figurent des baguettes rondes, plates ou brisées, et s'agençant entre elles de façons diverses; les *câbles*, les *tores coupés*, les *torsades*, sortes de cordes de pierre plus ou moins grosses, plus ou moins finement moulées, selon la place qu'elles occupent; les *étoiles*, les *têtes de clou*, les *pointes de diamant* sont autant de signes auxquels on peut reconnaître l'art romano-byzantin.

C'est encore dans les églises de ce temps que l'on retrouve la *crypte*.

La crypte, ordinairement placée sous l'aire du chœur, remonte, par son origine, aux catacombes, ainsi que le rappelle, du reste, son nom, d'un verbe grec qui veut dire : *cacher*. Elle fut conservée à titre de chapelle funéraire et servait au dépôt des corps saints. Peu à peu s'établit aussi l'usage d'y ensevelir les évêques et les autres membres élevés du clergé.

La crypte n'est éclairée que par le jour

venant des côtés du sanctuaire, ou par de petites fenêtres qui le lui communiquent timidement du dehors de l'église. Très-souvent elle est l'objet d'une vénération légendaire de la part des fidèles, qui toujours ont à raconter les guérisons sans nombre, les prodiges de la crypte. Il est à remarquer, en effet, que presque partout la crypte a sa source ou son puits miraculeux.

De l'époque romane datent également la nef et les chapelles *absidales*.

Tel est, dans son ensemble et dans ses traits principaux, l'art romano-byzantin jusqu'au XIIe siècle.

Alors apparut l'ogive.

D'après sa définition la plus généralement acceptée, l'ogive est une arcade formée de deux arcs de cercle, d'égal rayon, qui, en se réunissant à leur sommet, figurent un angle à lignes courbes ou curviligne.

L'ogive du XIIe siècle, c'est le commencement de la perfection en architecture religieuse, mais ce n'est pourtant pas encore la perfection. Elle se dégage trop modestement du plein - cintre. Elle reste encore romane, mais les arcades ogivales s'encadrent très - bien dans le plein - cintre et les colonnes tendent de plus en plus à l'élégance. A mesure que le siècle avance, ce n'est plus le simple chapiteau à feuillage, mais le chapiteau historié. Les voûtes deviennent ogivales; on commence à voir aux portes, des statues de toutes dimensions et en grand nombre, et la rose qui couronne les fenêtres s'enrichit de trèfles et de quatre-feuilles.

C'est encore le roman, mais le roman tellement modifié, tellement ornementé et perfectionné, qu'à la fin du XIIe siècle il sera méconnaissable; car, avec le XIIIe siècle apparaît la période ogivale.

Nous arrivons à ces églises gothiques si poétiquement décrites par Châteaubriand :

« Ces voûtes ciselées en feuillages, ces
« jambages qui appuient les murs et finis-
« sent brusquement comme des troncs brisés;
« la fraîcheur des voûtes, les ténèbres du
« sanctuaire, les ailes obscures, les passages
« secrets, les portes abaissées, tout retrace
« les labyrinthes des bois dans l'église
« gothique, tout en fait sentir la religieuse
« horreur, les mystères et la divinité. Les
« deux tours hautaines placées à l'entrée
« de l'édifice surmontent les ormes et les

« ifs du cimetière et font un effet pitto-
« resque sur l'azur du ciel. Tantôt le jour
« naissant illumine leurs têtes jumelles,
« tantôt elles paraissent couronnées d'un
« chapiteau de nuages ou grossies dans
« une atmosphère vaporeuse. Les oiseaux
« eux-mêmes semblent s'y méprendre et
« les adopter pour les arbres de leurs fo-
« rêts : des corneilles voltigent autour de
« leurs faîtes et se perchent sur leur
« galerie. Mais, tout à coup, des rumeurs
« confuses s'échappent de la cime de ces
« tours et en chassent les oiseaux effrayés.
« L'architecte chrétien, non-content de
« bâtir des forêts, a voulu, pour ainsi dire,
« en imiter les murmures, et, au moyen
« de l'orgue et du bronze suspendu, il a
« attaché au temple gothique jusqu'au

« bruit des vents et des tonnerres qui
« roulent dans la profondeur des bois. Les
« siècles, évoqués par ces sons religieux,
« font sortir leur antique voix du sein des
« pierres et soupirent dans la vaste basi-
« lique. Le sanctuaire mugit comme l'antre
« de l'ancienne Sybille, et, tandis que
« l'airain se balance avec fracas sur votre
« tête, les souterrains de la mort se
« taisent profondément sous vos pieds. »

(Génie du Christianisme.)

———

CHAPITRE SIXIÈME.

Chapitre VI.

Première Période.

Architecture gothique.
Style à lancette. — Style rayonnant.
Style flamboyant.

—

L'architecture ogivale, c'est l'art chrétien à sa plus haute puissance.

Il est impossible, surtout dans les étroites limites que nous nous sommes imposées, d'en exprimer toutes les richesses ; nous ne pouvons que l'esquisser à grands traits,

de manière à le rendre au moins intel-
ligible.

Cette troisième période a d'ailleurs ses
phases diverses, et, chacune d'elles, pour
être comprise, demande à être étudiée
séparément. Aussi bien serait-on tenté de
s'effrayer des détails, qui sont innombrables
dans l'art gothique.

C'est pourquoi nous éviterons au lecteur
ce dédale de divisions et subdivisions, de
dénominations techniques qui ne sont pas
de notre compétence, et, pour plus de
clarté, nous partagerons seulement en trois
sections ou paragraphes distincts l'examen
de cette époque, savoir :

Le style à lancette,
Le style rayonnant,
Le style flamboyant.

§ 1er. — Style a lancette (xiie et xiiie siècles).

Le Style à lancette tire son nom de la forme des fenêtres, très-allongées, étroites et se terminant en fer de lance.

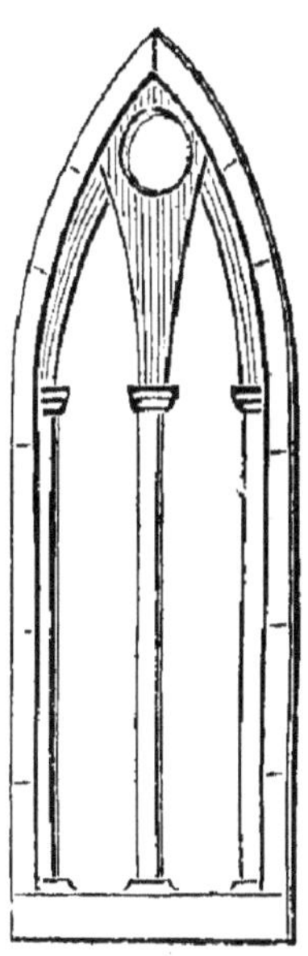

La fenêtre a, du reste, le rôle important dans les nuances qui caractérisent la période ogivale.

A l'époque où nous sommes, la fenêtre, outre les dimensions sus-énoncées est souvent géminée, à deux lancettes encadrées dans une ogive principale et surmontée d'une rose.

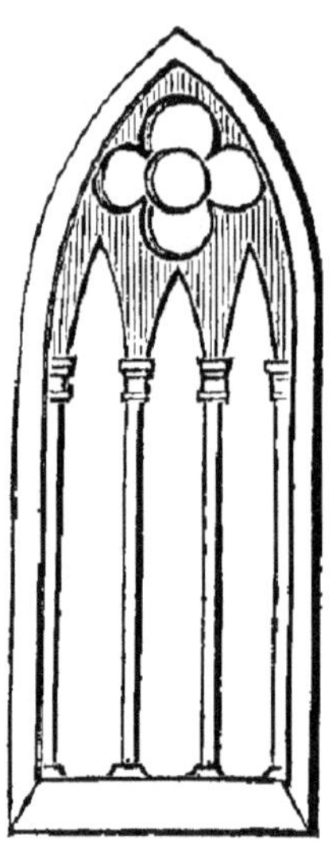

Plus tard, au milieu du XIIIe siècle, en s'agrandissant toujours, les fenêtres se partagent en deux ou trois *meneaux*, montants de pierre, droits jusqu'à la naissance de l'arcade, et là, se recourbant en arc *lancéolé*, avec la rose à plusieurs *lobes* (polylobée) pour couronnement. Les *trèfles*, les *quatre-feuilles* deviennent l'ornement ordinaire des fenêtres et des grandes rosaces.

De ce temps est le *triplet*, groupe de trois fenêtres en une seule, placé à la façade des églises et dont l'archivolte, qui surmonte et réunit les trois fenêtres ensemble, symbolise l'unité dans la Trinité.

Quant à la construction, sa forme diffère peu du romano-byzantin jusqu'alors.

Les pierres, dites de grand appareil, plus longues que hautes, ont remplacé le petit appareil, ses losanges et ses arêtes de poisson, et le moyen appareil, lui-même, dont il est assez difficile, d'ailleurs, de déterminer la date précise et le caractère chronologique.

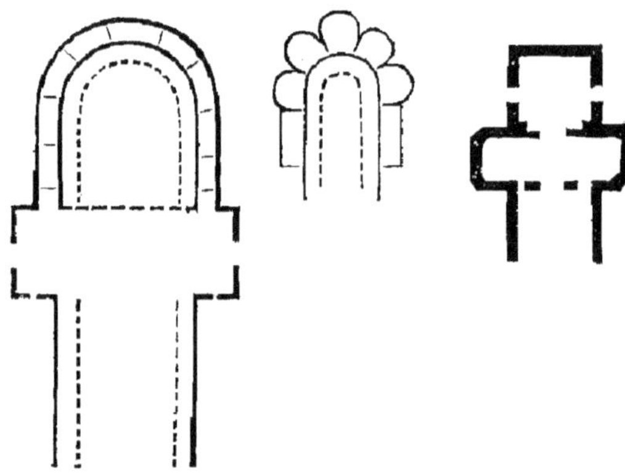

La voûte, de peu d'épaisseur, très-légère, doit toute sa solidité aux arcs-boutants soutenus par les contreforts, qui, à l'extérieur, supportent toute sa poussée.

Le clocher prend aussi une grande importance; ces flèches gigantesques du XIIIᵉ siècle élevées sur nos cathédrales l'attestent éloquemment.

Au lieu des arcades en plein-cintre, géminées, ouvertes ou aveugles du clocher roman, le clocher ogival n'a plus maintenant qu'un étage, avec longues baies ou ouvertures ébrasées et garnies de colonnettes.

Le clocher a toujours été plus particulièrement cher aux populations. « C'est « la pyramide funèbre autour de laquelle « dorment les aïeux; c'est le monument de « joie où l'airain sacré annonce la vie du « fidèle; c'est là que les époux s'unissent; « c'est là que les fidèles se prosternent « au pied des autels, le faible, pour prier « le Dieu de force, le coupable, pour im- « plorer le Dieu de miséricorde, l'innocent « pour chanter le Dieu de bonté. Un pay- « sage paraît-il nu, triste, désert, placez- « y un clocher champêtre; à l'instant tout

« va s'animer : les douces idées de pasteur
« et de troupeau, d'asile pour le voyageur,
« d'aumône pour le pèlerin, d'hospitalité
« et de fraternité chrétienne, vont naître
« de toutes parts. »

(Génie du Christianisme.)

Les clochers du XIIIe siècle, surtout, sont un témoignage éclatant de ces sentiments, par leur architecture recherchée et le travail immense qu'ils nécessitent.

Le clocher d'alors, en effet, par la richesse et la variété de ses formes, par la masse imposante de ses tours, comme par la hardiesse et la hauteur de ses flèches, devenait forcément l'œuvre de plusieurs générations. Une seule aurait-elle pu suffire à sa construction ?... Et c'est ce qui explique ceux que l'on rencontre encore inachevés ou terminés par toutes sortes de sommets avortés, qui jurent avec les étages inférieurs et sont marqués au coin d'un autre temps.

Enfin et pour terminer cette première phase de la période ogivale, les signes d'ornementation auxquels on peut la reconnaître sont : les rosaces à lobes formées d'ogives, de trèfles, de quatre-feuilles, et n'ayant plus, comme au XIIe siècle, l'aspect d'une roue avec arcs en plein-cintre ou trilobés; les vitraux peints rehaussant les croisées d'un nouvel éclat, où dominent surtout le rouge, le vert et le bleu, en médaillons d'abord et en grisailles, puis avec des personnages en grand ; enfin, la peinture à fresques, trop souvent badigeonnée par les générations qui ont suivi; tous les ornements, en un mot, du romano-byzantin, mais perfectionnés, rehaussés de dorures, de couleurs variées et éclatantes, et toujours accompagnés et couronnés de pinacles ou clochetons.

§ 2. — STYLE RAYONNANT.

Après le style à lancette, le style *rayonnant*.

Sans que la transition soit très-sensible, il y a cependant moyen de les distinguer l'un de l'autre.

Avec le commencement du XIVe siècle, les chapelles collatérales se prolongent du transept au grand portail. Les reptiles, les quadrupèdes et autres ornementations des plus étranges se dessinent avec goût, avec esprit ou malice, et grimacent au-dessus des supports.

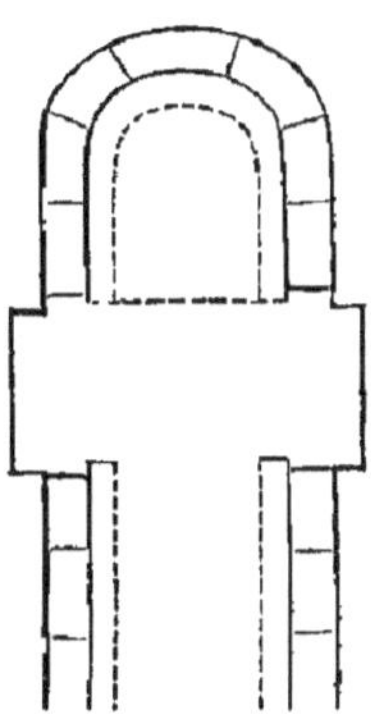

Le style rayonnant a son cachet qui lui est propre. Ses fenètres sont plus grandes que précédemment ; de plus en plus riches en compartiments, en meneaux, en moulures, elles s'ornent encore de figures rayonnantes, de quatre-feuilles et de quinte-feuilles.

Les piliers se décorent encore de feuillages élégants; c'est le lotus, le chêne,
le lierre, le fraisier, les pensées, le myo-
sotis, les renoncules, toute une flore agran-
die et pétrifiée.

Les balustrades, les galeries, les frontons aigus, les clochetons, les clochers

les clochers s'allégissent et se découpent à jour en quatre-feuilles et en quinte-feuilles. Tout, en résumé, reflète de plus en plus l'élégance, la variété, le goût et la richesse.

Avant d'aller plus loin, il est temps de dire adieu à la Crypte. Avec le XIII° siècle, elle avait pris, comme chapelle souterraine, des proportions parfois considérables, mais elle touchait à sa fin. Après le XIIIᵉ siècle, elle devient de plus en plus rare, et, avec le XIVᵉ siècle, elle a disparu complètement. Les églises du style flamboyant n'ont plus leur crypte miraculeuse et légendaire.

§ III. — Style Flamboyant.

Le style *flamboyant* doit son nom aux meneaux de ses grandes fenêtres qui, par

4

leurs ornements et leurs arcs variés, semblent vouloir simuler des flammes.

Avec les fenêtres, les piliers marquent surtout le style flamboyant, lequel n'apporte aucun changement notable dans l'ensemble de la construction telle que nous la connaissons déjà.

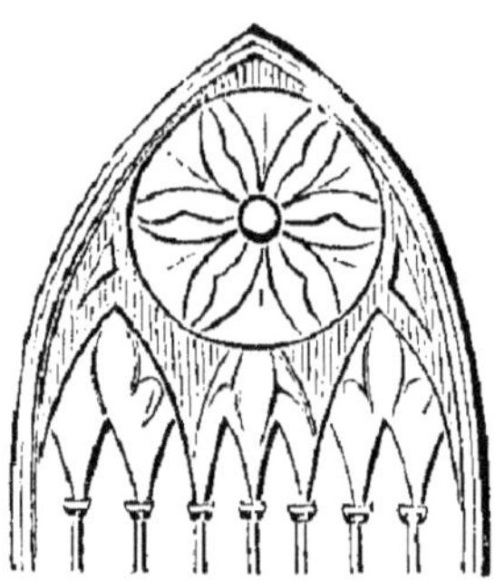

Les colonnes, maintenant sans chapiteau, enguirlandées de feuillages menus, couvrent leur masse de nervures tellement déliées, tellement fines qu'elles deviennent, à distance, presque imperceptibles et s'élancent en contournant les arcades jusqu'à la clef des voûtes, où elles viennent aboutir et se grouper.

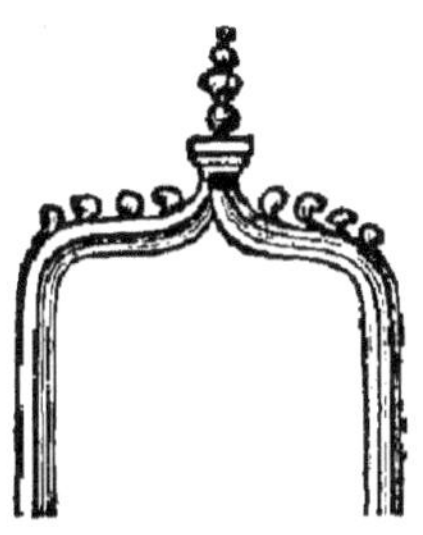

Les portes qui, dans la première partie du XVe siècle, sont entourées d'arcades en *accolades*, c'est-à-dire avec arcs très-surbaissés, s'encadrent bientôt d'arcades en *doucine*, dont les axes, convexes dans leur partie inférieure, sont concaves dans leur partie supérieure. L'arcade en doucine, du reste, se généralise vite, et, au XVIe siècle on la trouve non-seulement aux portes,

mais aux fenêtres, aux baies des clochers
et clochetons, aux arcatures, partout où
elle peut avoir sa raison d'être.

Puis, apparaissent les simples arcs sur-
baissés à la Tudor, toujours, comme les
précédents, garnis de feuillages et ornés de
crochets recourbés.

Les clochers à charpente pyramidale,
carrés et couverts en ardoise, qui surmontent

nos églises de campagne, sont, en grande partie, de cette époque.

Enfin, il n'est pas permis de terminer l'étude des églises gothiques sans parler de la *gargouille*, gouttière qui projette loin des murailles l'eau de la toiture.

La gargouille, sous la forme d'un dragon volant ou d'un monstre humain grimaçant, intrigue beaucoup les curieux qui ne se rendent pas compte de son utilité. Son but est indiqué; encore faut-il ajouter que, symboliquement, la gargouille, c'est le diable ou tout autre acolyte infernal. Il est là, sans doute, pour rappeler que, « comme le lion rugissant, le démon rôde « autour du bercail et cherche quelle vic- « time il va dévorer. »

Quelques-uns font remonter son nom

à une antique légende du temps du bon roi Dagobert.

Cette légende raconte que la gargouille n'était autre qu'un dragon monstrueux qu'avaient enfanté les eaux de la Seine, et qui, profitant du débordement du fleuve pour parcourir le pays et le désoler, se fit tuer par saint Romain, évêque de Rouen, de 626 à 639.

Reste maintenant à juger l'ornementation du style flamboyant.

Il semblait qu'elle pût difficilement progresser après le style rayonnant, et pourtant, elle devient de plus en plus riche : les niches ou dais, les pinacles, les clochetons, les figures bizarres, les statues et statuettes, les festons, les feuillages, tout se revêt de ciselures, de dentelures à jour

d'un art infini, d'une prodigieuse habileté
d'exécution.

Mais ici se place toutefois la réflexion
que nous inspirait naguère la période byzantine. A force de progrès et de perfec-
tions, l'art se matérialise. Après s'être
régénéré par le roman, par le style imposant des XII⁰ et XIII⁰ siècles, l'architecture, qui au XIV⁰ siècle paraît avoir atteint
le sublime de l'art chrétien, avec ces magnifiques cathédrales qu'il est impossible
de visiter sans éprouver un sentiment d'admiration et un élan de l'âme vers le ciel,
l'architecture religieuse va baisser, à
force de vouloir se perfectionner. Elle
ne reste plus ce qu'elle doit être, simple
et grandiose. Elle s'enrichit, à la vérité,
mais d'ornements multiples et sans objet,

d'emblèmes grotesques et sans signification artistique ou symbolique, qu'on s'étonne même d'y rencontrer. Elle révèle une habileté merveilleuse, mais moins de goût et certainement moins de foi. C'est l'exagération du luxe ; en architecture religieuse comme en tout, c'est le signe de la dégénération.

Ne serait-on pas porté à croire que Fénelon fait allusion, à cette exubérance quand, hostile, comme la plupart de ses contemporains, à l'architecture gothique, il écrit, dans sa lettre sur les occupations de l'Académie, l'espèce d'apologue suivant :
« Les inventeurs de l'architecture qu'on
« nomme gothique, et qui est, dit-on,
« celle des Arabes, crurent sans doute
« avoir surpassé les architectes grecs. Un

« édifice grec n'a aucun ornement qui ne
« serve qu'à orner l'ouvrage ; les pièces né-
« cessaires pour le soutenir ou pour le mettre
« à couvert, comme les colonnes et la cor-
« niche, se tournent seulement en grâce
« par leurs proportions : tout est simple,
« tout est mesuré, tout est borné à l'usage :
« on n'y voit ni hardiesse, ni caprice qui
« impose aux yeux ; les proportions sont si
« justes, que rien ne paraît fort. grand
« quoique tout le soit ; tout est borné à
« contenter la vraie raison. Au contraire,
« l'architecte gothique élève sur des piliers
« très-minces une voûte immense qui monte
« jusqu'aux nues ; on croit que tout va tom-
« ber, mais tout dure pendant bien des
« siècles ; tout est plein de fenêtres, de
« roses et de pointes. la pierre semble

« découpée comme du carton ; tout est à
« jour, tout est en l'air !... »

Préjugé du temps ! dit de cette critique
un auteur moderne ; et, n'en déplaise à
Fénelon, ajoutons simplement : éloge à sa
manière et par comparaison de l'architecture gothique ! On peut en appeler à la
Renaissance !

CHAPITRE SEPTIÈME.

Chapitre VII.

Quatrième Période. (xvi° siècle.)

Renaissance.

—

Si l'on a eu raison de dire que le style
ogival ou gothique est la plus haute expression de l'esprit chrétien, peut-être
pourrait-on avancer, avec non moins de
justesse, que le style Renaissance en est
la plus faible expression. La Renaissance,
en effet, est plutôt le règne de l'architecture civile que de l'architecture religieuse. On construit des châteaux, des

palais privés, en grand nombre, beaucoup d'hôtels, de monuments publics, mais d'églises fort peu. Aussi, à notre point de vue, l'histoire de cette période comporte-t-elle un bref examen.

Comme caractère inhérent à la Renaissance, et pour la peindre d'un trait, il suffit de reproduire la définition et l'idée générale qu'en donnent tous les traités d'architecture : La Renaissance, c'est le retour aux modèles grecs et romains; c'est le style *classique* se mêlant au style chrétien du moyen âge; c'est enfin la combinaison du plein-cintre romain avec l'ogive et l'éclat adouci du style flamboyant.

L'uniformité dans les constructions est encore un signe distinctif de cette période ; église ou théâtre, c'est le même plan.

Les règles de l'architecture, romane ou ogivale, ont perdu leur autorité, et le plus souvent, le caprice et le goût des architectes, se dégageant des traditions, en laissent à peine quelques traces.

C'est l'esprit de l'époque.

On ne rêvait alors que réforme. Remettre à neuf la vieille société par les arts aussi bien que par les lettres et les sciences; tout changer, innover en tout, ce fut le besoin impérieux qui remuait la société : artistes et théologiens suivent la même pente. Ces tendances expliquent l'art religieux d'alors.

La Renaissance comprend, avec la fin du xve siècle, tout le xvie et la première moitié du xviie siècle.

Jusqu'au milieu du xvie siècle, elle se

traduit par le mélange des styles *classique*
et gothique plus particulièrement ; c'est
encore la continuation de la période ogivale, en voie de transition ; mais à compter de la seconde moitié du xvi° siècle,
et pendant toute la première partie du
xvii°, la Renaissance s'affiche complètement et à sa façon. Ce n'est plus ni le
gothique, ni le classique, c'est purement et
simplement l'abandon de tout ce qui se
faisait auparavant, de toute tradition consacrée. C'est la *Renaissance* dans tout son
lustre.

Les églises n'ont plus de forme arrêtée ;
tantôt, c'est la croix latine, tantôt, la
croix grecque. Les piliers, autrefois si
imposants, si élancés, s'abaissent et re-
prennent, dans leurs dimensions, leur

piédestal, leur fût, leur chapiteau avec leur entablement et leur frise classique. Les baies présentent les mêmes dispositions avec leur fronton obligé.

La régularité est généralement sauve, et l'arc semi-circulaire domine, quoique l'ogive ne soit pas encore absolument supprimée.

Le plein-cintre, ou l'ogive très-surbaissée et dépourvue d'ornements deviennent le type général de la construction des voûtes

4 *

et du portail ; il en est de même pour les
fenêtres

Le clocher, qui était l'un des plus beaux
ornements des églises gothiques, semble
devenir un embarras pour les architectes
de la Renaissance. Où le mettre ?... On
n'en sait trop rien. Quelle forme lui donner ?... Elle varie beaucoup, comme la
place qu'on lui assigne, mais sans gagner,
loin de là, en goût et en élégance. Aux
tours grandioses, aux flèches majestueuses
des périodes romane et ogivale on sub-

stitue des clochers sans nom, accusant généralement des formes hémisphériques, campanilles, rotondes, coupoles, ou bien des tours carrées et peu élancées, à étages superposés, à pans encadrés de pilastres et qui, d'ordinaire, ne sont rien moins que remarquables.

Mieux ou autant eût valu n'en pas faire ; c'eût été plus simple ; mais, pour les campagnes surtout, l'attachement proverbial à la cloche et au clocher s'est perpétué à travers les siècles, et bien ou mal il en fallut.

> Oh ! quand cette humble cloche à la lente volée
> Épand comme un soupir sa voix sur la vallée,
> Voix qu'arrête si près le bois ou le ravin,
> Quand la main d'un enfant qui balance cette urne
> En verse à sons pieux dans la brise nocturne
> Ce que la terre a de divin !

Ce qu'éveille en mon sein le chant du toit sonore,
Ce n'est pas la gaité du jour qui vient d'éclore
Ce n'est pas le regret du jour qui va finir,
Ce n'est pas le tableau de mes fraîches années
Croissant sur ces coteaux parmi ces fleurs fanées
    Qu'effeuille encore mon souvenir !

Je me dis : ce soupir mélancolique et vague
Que l'air profond des nuits roule de vague en vague,
Ah ! c'est moi, pour moi seul, là-haut retentissant.
Je sais ce qu'il me dit, il sait ce que je pense,
Et le vent qui l'ignore, à travers ce silence,
    M'apporte un sympathique accent !

      (LAMARTINE. — *La Cloche du Village.*)

Quant au caractère ornemental de cette époque, c'est la continuation du style flamboyant, avec son exubérance de sculptures et de moulures de toutes sortes; ce sont surtout des cartouches, rinceaux et entrelacs, des encorbellements élégants, des guirlandes de fleurs, festons, médaillons à personnages, arabesques, caissons de voûte des plus remarquables et véritablement admirables par la finesse d'exécution; car il est juste de reconnaître qu'aucune autre époque ne poussa si loin et ne sut mieux perfectionner l'art de la décoration.

Cette époque a produit particulièrement des boiseries d'un fini exceptionnel.

CHAPITRE HUITIÈME.

Chapitre VIII.

De l'Architecture contemporaine.

—

CONCLUSION.

—

A partir de la deuxième moitié du XVIIe siècle, l'architecture religieuse n'a plus de cachet déterminé. Depuis lors, les architectes ne paraissent plus avoir, en construction religieuse, de règles nettement suivies ou préférées. On ne découvre pas facilement le style de leur choix, si toutefois il en est un qu'ils poursuivent de leur prédilection. Aussi bien serait-il plus difficile encore de démêler dans les édifices

5

religieux, dans les églises rurales surtout des XVIIe et XVIIIe siècles, au milieu de tous les styles qui s'y confondent, le nom qui serait applicable à l'architecture de cette époque.

On a pu dire de la Renaissance, dans ses deux phases, qu'elle était le mélange du style classique avec les autres et l'abandon de toutes les anciennes traditions pour arriver à faire du nouveau; il est aussi vrai d'ajouter qu'à la fin du XVIIe siècle et pendant le XVIIIe l'architecture religieuse n'a rien innové, rien appris. Elle a gardé les traditions de la Renaissance, en simplifiant et écartant à son détriment l'ornementation si riche de la fin du XVIe et du commencement du XVIIe siècle. Dès la seconde moitié de ce siècle, les monuments simples et unis, avec leurs modillons, consoles renversées et frontons coupés, prennent un caractère de laideur, qui s'est continué longtemps.

S'il était permis de rendre sa pensée par une expression vraie dans sa trivialité, ne pourrait-on pas dire que l'architecture de cette époque s'est aplatie. C'est qu'en effet, elle se fait remarquer par son effacement. L'idée religieuse surtout, même dans les églises, est une exception, et, sans les autels et les crucifix à l'intérieur, on pourrait douter de leur destination.

De nos jours, Dieu merci, il n'en est plus de même. Si nous sommes loin encore des saines traditions de l'art chrétien dans ce qu'il a de plus pur et de plus élevé, au moins faut-il le reconnaître pour l'en glorifier ; notre architecture religieuse fait des efforts pour sortir de cette infériorité où l'avait plongée la Renaissance et l'époque qui l'a suivie.

On voit, avec l'auteur du *Génie du Christianisme* « que, les nations ne jettent pas « à l'écart leurs antiques mœurs comme on « se dépouille d'un vieil habit. On leur en « peut arracher quelques parties, mais il « en reste des lambeaux qui forment avec « les nouveaux vêtements une effroyable bi- « garrure.

« On aura beau bâtir des temples grecs, « bien élégants, bien éclairés pour ras- « sembler le bon peuple de saint Louis et « lui faire adorer un Dieu métaphysique, « il regrettera toujours ces Notre-Dame de « Reims et de Paris, ces basiliques toutes

« moussues, toutes remplies des généra-
« tions des décédés et des âmes de ses
« pères. »

Espérer encore ces gigantesques basiliques romanes, ces splendides églises gothiques qui nous frappent d'étonnement et
nous transportent d'admiration, ce serait
trop rêver ; car qui oserait prétendre qu'à
ces prodigieuses constructions l'art seul
suffit ?..... L'art, de notre temps, suffirait
peut-être, à copier, à imiter ; mais avec
l'art il nous faudrait la foi, le courage
d'entreprendre et la patience d'exécution
d'un autre âge !

L'architecture religieuse, de nos jours,
n'a pas de caractère qui lui soit propre
et la fasse désigner par un nom ; elle
n'a pas non plus d'idées neuves ; mais elle

révèle infiniment de science et de bonne volonté. Elle s'inspire de tous les styles qui l'ont précédée. Loin de dédaigner, comme la Renaissance, les modèles du roman et du gothique, elle les reproduit aussi bien que possible et cherche à les multiplier de plus en plus.

C'est, du reste, ce qu'elle a de mieux à faire.

Quel autre type, en effet, serait plus capable d'inspirer le respect et l'attachement à son église?... Or, sachons-le bien, et, quoique d'autres en puissent dire, ne nous lassons pas de le répéter bien haut, rien n'est plus désirable.

Ce sera la conclusion de ce petit livre. Non, rien n'est plus à désirer, de notre temps plus que jamais, que d'inculquer et de raviver ces sentiments au cœur des habitants de la ville et des populations des champs.

Autrement, nous aurions peut-être à redouter encore de voir :

« . . . L'impiété, de forfaits surchargée,
Triomphante et partout en sagesse érigée,
Sur nos autels détruits marcher impunément. »

Non, ne craignons pas de le proclamer : c'est l'église, l'église où l'on baptise, l'église où l'on vous marie et qui vous reçoit à la mort ; c'est elle qui est la meilleure école du respect et de l'amour que chacun doit à la famille, à la société, à la patrie !

Terminons par ce fragment dans lequel Frayssinous [1], s'adressant aux jeunes

hommes de son temps, leur disons avec
des accents d'éloquence qui n'ont pas aujourd'hui moins d'actualité [2].

« Si quelque philosophe nous faisait ob-
« server gravement qu'il ne faut d'autre
« temple que cet univers où le Créateur
« fait éclater sa gloire avec tant de ma-
« gnificence; que la majesté du Très-Haut
« n'est pas renfermée dans une enceinte
« matérielle; qu'en tout lieu nous lui sommes
« présents, et que partout il peut bien en-
« tendre nos vœux et nos prières, nous
« ne serons pas abusés par ce fastueux
« langage et nous découvririons aisément
« que ce penseur, pour ne pas penser

---

(1) La religion considérée dans son culte.
(2) Gilbert.

« comme le peuple, est le jouet de la pré-
« somption et de l'orgueil.

« Sans doute, la Divinité n'a pas besoin
« de temple pour Elle-même... et celui qui,
« sous un toit de chaume, prie avec un
« cœur humilié, sera bien plus sûr d'être
« exaucé que celui qui, conduit par l'osten-
« tation, vient prier dans le temple avec
« un esprit plein de dissipation et d'orgueil.
« Mais c'est nous qui avons besoin de ces
« lieux spécialement consacrés au culte
« de la Divinité..... pour lui offrir ensemble
« des hommages solennels et nous présenter
« comme les enfants d'une même famille,
« sous les yeux de notre père commun.

« Rien, a dit l'auteur de *l'Esprit des*
« *Lois*, rien n'est plus consolant pour les
« hommes qu'un lieu où ils trouvent la

« Divinité plus présente, et où, tous en-
« semble, ils font parler leur faiblesse et
« leur misère (1).

« Voyez, dans nos cités et dans nos
« campagnes, s'élever ces édifices sacrés !
« Leurs formes augustes ou antiques ont
« quelque chose de particulier qui les dis-
« tingue des bâtiments vulgaires. Ce n'est
« ni le palais du plaisir, ni le palais de
« l'opulence. Du plus loin que je les aper-
« çois, je sens s'éveiller en moi des idées
« pieuses... je m'avance touché d'un saint
« respect. Arrivé sur le seuil de la porte,
« je parcours l'enceinte sacrée, dans toute
« son étendue, et je ne découvre rien qui
« ne s'éloigne des choses profanes... Et

---

(1) Montesquieu, *Esprit des Lois*, liv. XXV, chap. III.

« que d'objets capables de faire sur moi
« d'heureuses impressions de vertu, si je
« n'ai pas perdu les principes et les sen-
« timents de la foi, ou bien, propres à
« m'y rappeler si j'ai eu le malheur de
« les oublier !

« C'étaient bien là les sentiments de nos
« pères, lorsqu'ils élevaient à la Divinité
« des temples magnifiques, monuments éter-
« nels de leur désintéressement et de leur
« piété !

« Sans doute, dans ces siècles où l'on
« bâtit ces superbes basiliques qui font
« encore la gloire de nos cités, on n'avait
« pas, comme nous, pénétré dans les
« secrets des sciences naturelles... J'avoue
« même que la crédulité, le défaut de
« critique pouvaient introduire quelquefois

« dans les dévotions populaires des abus
« et des excès. Mais, alors, il y avait dans
« les caractères une loyauté qui suppose
« d'autres vertus encore ; mais on ne con-
« naissait pas ce raffinement d'esprit, qui
« est pire que la barbarie et qui conduit
« à l'athéisme, c'est-à-dire à l'extinction
« totale de ce qu'il y a de beau et de
« bon parmi les hommes ; mais alors on
« révérait profondément les principes con-
« servateurs de la morale et de l'ordre
« public ; mais les âmes n'étaient pas ré-
« trécies par l'égoïsme !

« Et comment leur refuser la force et
« l'élévation des pensées ?... S'il est vrai
« que les arts, aux différentes époques
« de l'histoire, soient l'expression fidèle de
« l'état de l'esprit humain, pour juger les

« siècles qui ont bâti nos temples go-
« thiques, j'en appelle à ces temples mêmes
« et, je demande, si par leur solidité,
« par leurs vastes dimensions, par leur
« majesté, ces édifices seuls ne décèlent
« pas dans leurs auteurs, des âmes fortes,
« patientes, capables de grandes choses et
« dont la pensée s'étendait au loin dans
« les siècles à venir !

« C'est une nation qui n'est pas dégradée
« par de mauvaises mœurs ; le respect des
« aïeux comme celui des tombeaux fait
« partie de la piété filiale !...

« Ainsi les temples chrétiens n'ont rien
« qui ne rappelle les hommes à la Divinité ! »

FIN.

TABLE

LIBRAIRIE CATTIER, A TOURS

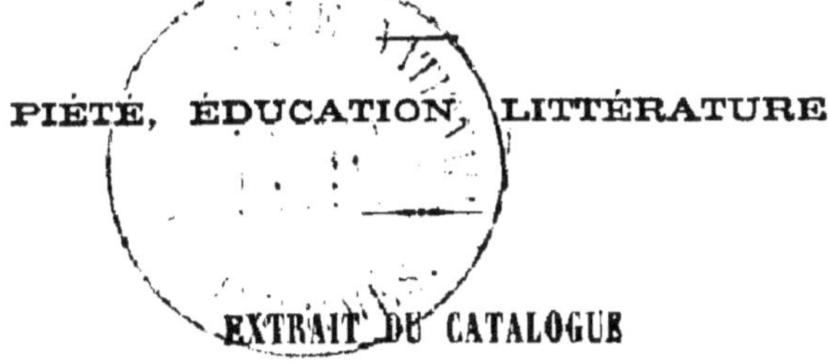

PIÉTÉ, ÉDUCATION, LITTÉRATURE

EXTRAIT DU CATALOGUE

Allard (l'abbé J.-S.) — Le Volontaire Joseph-Louis Guérin du corps des zouaves pontificaux. In-8°. 4   *n*

D'Almeida. — Élévations sur le sacré Cœur de Jésus. Ouvrage traduit du portugais par le R. P. Bouscaillou. 1 volume grand in-32, relié. 2   *»*

Berseaux. — Les Vices et les Vertus. 2 volumes in-12. 4   »

Bon. — Le premier pas de la lecture. In-18.   »   50
    —   Collection de tableaux en feuilles. .   2   50

Boulangé. — Les Danses et les bals d'aujourd'hui, la lecture des romans et les spectacles au point de vue moral et chrétien. In-18.   1   25

Callen. — Hortense. Lettres à une sœur. In-12.   2   »

Les Cinq fêtes de l'Enfant Jésus opuscule de saint Bonaventure. In-32. . . . .   *»*   50

5*

JOURNÉE CHRÉTIENNE, ou Nouveau manuel de piété
1 volume in-32, relié. 1   »

Juilles (l'abbé). — La Clef du Paradis. In-18.   2   »

Laventure. — Le pouvoir temporel du
Pape. In-12 2   »

Lonjou (L'abbé). — Les Merveilles de Dieu
dans la sainte Eucharistie. In-12 3   »

MANUEL DES ENFANTS DE MARIE IMMACULÉE. 4ᵉ édition, 1 volume in-32, raisin. 1   10

MANUEL DES CONGRÉGANISTES DE MARIE IMMACULÉE.
1 volume in-32 raisin. 1   10

MANUEL DE LA CONFRÉRIE DE L'IMMACULÉE-CONCEP-
TION. 1 volume in-32 raisin 1   10

MANUEL (Petit) DE PRIÈRES, à l'usage des élèves des
Religieuses du Sacré-Cœur. In-32, relié. .   »   50

Le même à l'usage des élèves des Religieuses du
St-Enfant Jésus, dites de St-Maur.
in-32, relié . . . .   »   50
— Avec addition du Livre de messe de
l'enfance in-32, relié 1   »

MANUEL (Petit) CHRÉTIEN, à l'usage de l'Enfant
prodigue. In-32 . . . .   »   50

Mgr Mermillod. — Discours et Allocu-
tions prononcés à Tours pendant la neuvaine
de Saint Martin. In-12 1   80

Tisserand Piété filiale en exemples. Cartonné. . . . . » 6
— La vie en famille. Cartonné. » 60 .
— Le plan divin du Christianisme.
1 volume in-8º. . . . . . 4 »

NOUVELLES PUBLICATIONS

ET RÉIMPRESSIONS

Aubineau (Léon). — Les serviteurs de
Dieu, nouvelle édition. 2 vol. in-12 . . . . 6 »

Besson (l'abbé) — Les Sacrements ou la grâce
de l'Homme-Dieu. 2 vol. in-12 . 6 .
— L'année d'expiation et de grâce. —
Sermons et oraisons funèbres. 1
vol. in-12. . . . . 2 50

Bénard (l'abbé). — Les Épîtres et Évangiles
des dimanches et fêtes de l'année expliqués et
suivis d'instructions. 4 vol. in-8º . . . . . 24 »

Caussette (R.-P.). — Le Bon sens de la
foi. Réponse à l'incrédulité contemporaine. 2
vol. in-12 . . . . 8 »

Champeau (R.-P.) — Vertus et défauts de la
jeune fille. 2 vol. in-32 (elzévir). . . . . . 4 »

Ozanam. — OEuvres. 11 vol. in-12. . . . 44 »

Pichenot (Mgr.)—Le Pater ou Instructions
sur l'oraison dominicale. 1 vol. in-12 . . . 3 50

Rorhbacher. — Histoire universelle de
l'Église Catholique comprenant le pontificat de
Pie IX. Nouvelle édition par l'abbé Guillaume
Profes. au grand séminaire de Verdun. 12 vol.
in-4, net. . . . . 75 »

Tabourier (Jules). — Notions élémentaires
d'archéologie. 1 vol. in-18 . . . . 1 50

Avis spirituels pour servir à la sanctification
des âmes. 3 vol. in-18, net. 7 50

Réflexions et prières pour la sainte communion
1 vol. in-18 . . . . 3 25

BIBLIOTHÈQUE DE PIÉTÉ
DES GENS DU MONDE

Beaux volumes sur papier vergé, caractères elzéviriens,
titres rouges et noirs, prix : 3 francs.

L'EUCHARISTIE ET LA VIE CHRÉTIENNE, par Mgr de
la BOUILLERIE . . . . 1 vol.

CONSEILS DE PIÉTÉ avec une préface de M. Alf.
NETTEMENT . . . . 1 vol.

La PRIÈRE d'après SAINTE THÉRÈSE avec une préface de Mgr LANDRIOT . . . . 1 vol.

LA VIE PARFAITE, d'après SAINT FRANÇOIS DE SALES
avec une préface de Mgr MERMILLOD . . . 1 vol.

DIRECTIONS SPIRITUELLES de SAINT FRANÇOIS DE
SALES. L'amitié et l'humilité. . . . . . 2 vol.

LES FINS DERNIÈRES, du même auteur. . . . 1 vol·

DIRECTION CHRÉTIENNE de FÉNELON, aux personnes
de la cour de LOUIS XIV . . . . 1 vol.

PENSÉES ET MÉDITATIONS recueillies des OEuvres de
Saint Bernard. . . . . 1 vol.

LETTRES CHOISIES, de St-François de Sales aux
gens du monde, 1 vol. petit in-32   2   »

INTRODUCTION A LA VIE DÉVOTE, du même auteur,
1 vol. petit in-32   2   »

N.-D. de Lourdes, par M. LASSERRE, 1 vol. in-12   3 50

APPARITIONS ET GUÉRISONS MIRACULEUSES, 1 vol. in-12   1 50

DÉPÔT DE
TOUTES LES PUBLICATIONS SUR LES PÉLERINAGES
DE LOURDES, LA SALETTE ET PONTMAIN.

—

Louis (R. P.).— Manuel de l'Archiconfrérie de
St-Joseph, in-18, net 1 75

— Manuel de l'archiconfrérie, Cantiques
avec musique, in-18, net.   2   »

— Chants de l'archiconfrérie de St-Joseph,
in-18, net. 0 75

—◦◦◦—

BIBLIOTHÈQUE UNIVERSELLE
DES FAMILLES

Beaux volumes grand in 8°, d'environ **500** pages chacun prix du volume, **3 fr. 50**.

Ces ouvrages, longtemps demandés par les principaux chefs d'institution, pour récompenses et pour prix, se recommandent non-seulement par leur mérite littéraire et moral, mais encore par le luxe des éditions et leur extrême bon marché.

Bossuet. — Discours sur l'Histoire universelle. Vie de l'auteur et son éloge, par M. Saint-Marc Girardin. 1 volume.

Bourdaloue. — Avent, précédé d'une étude sur l'auteur, 1 volume.

Fénelon. — Traité de l'existence de Dieu, et Lettres sur la religion, 1 volume.

Fléchier. — Oraisons funèbres, Choix des principaux sermons; 1 volume.

Lamennais. — Imitation de Jésus-Christ, 1 volume,

Montesquieu. — Grandeur et Décadence des Romains, avec des notes philosophiques et littéraires, 1 volume.

Racine (J.). — Œuvres complètes, Mémoires sur la vie et les ouvrages de l'auteur ; 4 volumes.

Corneille. — Œuvres complètes, 7 volumes.

Nouveau Testament. — Les Évangiles, traduction annotée ; 1 volume.

La Fontaine. — Fables, la Vie de l'auteur et celle d'Ésope, 1 volume.

La Rochefoucault. — Maximes, Mémoires et Lettres, 1 volume.

Malherbe. — Poésie et Correspondance, 1 volume.

Pascal. — Pensées, 1 volume.

Regnard. — Œuvres choisies, 1 volume.

D'Aguesseau. — Œuvres, Mercuriales, Traités, Lettres, Discours, 2 volumes.

Descartes. — Discours sur la méthode, les Méditations, les Objections, 2 volumes.

Bernardin de St-Pierre. — Études de la nature, 2 volumes.

La Bruyère. — Caractères, 1 volume.

A. Gabourd. — Histoire de la Révolution et de l'Empire, 10 volumes.

Histoire de l'Assemblée constituante. . . . . 1 vol.
   — de l'Assemblée législative. . . . . . 1 vol.
   — de la Convention nationale. . . . . 2 vol.
   — du Directoire. . . . . 1 vol.
   — du Consulat . . . . 2 vol.
   — de l'Empire . . . . 3 vol.
Les 10 volumes pris ensemble 30 francs, net.

Par les points de vue auxquels se sont placés les différents historiens de la Révolution française, les ouvrages sur ce grave et intéressant sujet ont dû

jusqu'ici être écartés des Bibliothèques des familles
et des Distributions de prix.

En se maintenant, pour dérouler et examiner les
événements, à des hauteurs supérieures aux passions
et aux querelles des partis, l'auteur paraît avoir
trouvé le secret d'étudier avec calme les faits et leurs
conséquences, jugeant ainsi librement les circon-
stances et les hommes de cette époque imposante et
terrible à la fois.

Dans ses appréciations, conservant toujours la
sagesse de la modération et les droits éternels de la
justice, il montre quelles sont, pour les nations, les
conditions de paix, les garanties de sécurité, pour
arriver au développement graduel du véritable progrès et des destinées des peuples.

Il convient d'ajouter, de plus, que la clarté du
récit, l'éloquence du style, la hardiesse des appréciations rapprochent cet ouvrage des modèles de notre
littérature.

NOUVELLES PUBLICATIONS

BIBLIOTHÈQUE ILLUSTRÉE

à prix nets

Les Montagnes. par Albert Dupaigne, 1 vol. grand in-8°. . . . . 7 »

Contes arabes, tirés des Mille et une Nuits, par Raoul Chotard, 1 vol. grand in-8°. 2 75

Sully et son temps, par M. Ju'es Gourdault, 1 vol. grand in-8° 2 75

Agnès de Lauvens, OU MÉMOIRES DE SOEUR SAINT LOUIS, par Louis Veuillot, 1 vol. grand in-8°. 1 50

Le Dahomé, souvenirs de voyage, par M. l'abbé Laffite, 1 vol. grand in-8°. 1 50

Bertrand Duguesclin (hist. de), d'après Guyard de Berville, 1 vol. grand in-8°. 1 30

Impressions et Souvenirs d'un voyageur chrétien, par M. Xavier Marmier, 1 vol. grand in-8°. 1 50

La Sainte Maison de Lorette, par
M. l'abbé Grillot, 1 vol. grand in-8°. 1 50

**Démonstration du Christianis-
me**, tirée des œuvres de Bossuet, 2 vol. in-8° 4 »

La Doctrine Catholique, exposée par
Bourdaloue et Massillon, (extraits de leurs
sermons) 1 vol. in-8° . . . . 2 »

SOUS PRESSE :

Le Choix d'un état de vie et l'entrée en religion, par le R. P. Lessius de la Compagnie de Jésus'
traduction de M. l'abbé Gaveau, 1 vol. in-12. **3** »

Révélations de N.-S. J.-C. à la Bienheureuse
Marguerite-Marie Alacoque, religieuse de la Visitation
à Paray-le-Monial, 1 fort volume in-12. . **3 50**

Manuel de la dévotion aux SS. Anges
Prières et exercices, 1 vol. in-32. . . . . **0 80**

**Les principes du droit naturel, dans
la question de l'instruction obliga-
toire, gratuite et laïque**, par M. l'abbé
L. Petit, professeur au petit séminaire de Blois, 1 vol.
in-18 . . . . **0 80**

MUSIQUE RELIGIEUSE

NOUVELLE PUBLICATION

OFFICE
DES DIMANCHES ET DES FÊTES

arrangés à 3 Voix,

DESSUS, CHANT (TÉNOR), ET BASSE.

SUIVANT L'ÉDITION DE RENNES

PAR M. L'ABBÉ RASTIER

MAÎTRE DE CHAPELLE DE LA CATHÉDRALE DE TOURS.

L'arrangement des trois parties est disposé de manière à pouvoir servir aux exécutants et à l'organiste du chœur.

Le chant est **coulé** et phrasé d'après les règles admises.

Les accords sont simples et parfaits, **note contre-note**, sans ornements, et les parties faciles à chanter.

On fournit une livraison de 4 à 8 pages par semaine.

Le prix de chaque feuille de 4 pages, grand in-8° est de 50 c. Toutefois, jusqu'au 1er juillet 1873, en payant dix francs à l'avance, l'éditeur s'engage à livrer gratuitement toutes les pages au-dessus de la centième.

L'ouvrage entier aura au moins 125 à 130 pages, et sera ainsi divisé :

MESSES (Kyrie, Gloria, Sanctus, Agnus, Credo, TRAITS. — HYMNES et PROSES. — PSAUMES du DI-MANCHE. — SALUTS du SAINT-SACREMENT.

OUVRAGES DU MÊME AUTEUR :

Cantiques pour le mois de mai, in-4º. . . . . 2 »

Messes, Cantiques et Motets, 3 volumes . . .
    in-4º, chaque volume . . . . 3 »

Nouvelle collection de quinze morceaux reli-
    gieux, gᵈ in-fº . . . . 15 »

Vieux Noëls illustrés, beau vol. in-fº . . . . 9 »

Sphère musicale, avec la méthode . . . . 5 »

IMAGERIE RELIGIEUSE

GRAVURES HALLEZ

Magnifique Album in-4°, *sur papier de Chine*, renfermant la Collection des Vignettes, relié à onglets, dos chagrin, tr. dorée, avec étui. . . . . 40 »

Petites Fleurs du Ciel. Pensées et Images tirées de l'Écriture Sainte. — Vingt gravures sur Chine, reliure percaline, avec écusson . . . . 6 »

Cachets de Communion pour jeunes garçons et jeunes filles. — Deux très-belles gravures, 22 cent. sur 14 cent. — Chaque sujet . . . . » 40

Cachets de Confirmation, le cent. . 25 »
— la douzaine. 4 ,

Vignettes à bords dorés ou avec dentelles (cent sujets environ), la douzaine. 1 50
— Coloriées dentelle, la douzaine. . 4 »

Photographies Timbre-poste de
ces Vignettes collées sur dentelle, la douzaine.   1   25

Les mêmes, en feuilles, gommées, le cent   .   .   5   »

Cachets de Communion pour jeunes
garçons et jeunes filles, une très-belle gravure
sur bois, le cent   25   »

Cachet de Communion pour garçons, (25
cent. sur 14) gravures sur acier, le cent.   .   13   »

Le même pour jeunes filles, le cent.   .   13   »